CÓMO UTILIZAR IMANES

Nora Roman
traducido por Alberto Jimenénez

Gareth Stevens
PUBLISHING

Please visit our website, www.garethstevens.com. For a free color catalog of all our high-quality books, call toll free 1-800-542-2595 or fax 1-877-542-2596.

Cataloging-in-Publication Data

Names: Roman, Nora.
Title: Cómo utilizar imanes / Nora Roman, translated by Alberto Jiménez.
Description: New York : Gareth Stevens Publishing, 2018. | Series: Superherramientas científicas | Includes index.
Identifiers: ISBN 9781538205808 (pbk.) | ISBN 9781538205822 (library bound) | ISBN 9781538205815 (6 pack)
Subjects: LCSH: Magnets–Juvenile literature. | Magnetic fields–Juvenile literature.
Classification: LCC QC757.R66 2018 | DDC 538–dc233

Published in 2018 by
Gareth Stevens Publishing
111 East 14th Street, Suite 349
New York, NY 10003

Copyright © 2018 Gareth Stevens Publishing

Translator: Alberto Jiménez
Editorial Director, Spanish: Nathalie Beullens-Maoui
Designer: Laura Bowen
Editor: Therese Shea

Photo credits: Cover, p. 1 Rubberball/Mike Kemp/Shutterstock.com; pp. 1–24 (series art) T.Sumaetho/Shutterstock.com; p. 5 antos777/Shutterstock.com; p. 7 Jakinnboaz/ Shutterstock.com; p. 9 NoPainNoGain/Shutterstock.com; p. 11 (top) Pat_Hastings/ Shutterstock.com; p. 11 (bottom) supersaiyan3/Shutterstock.com; p. 13 (cobalt) farbled/ Shutterstock.com; p. 13 (iron) Fokin Oleg/Shutterstock.com; p. 13 (nickel) Alchemist-hp/ Shutterstock.com; p. 13 (magnetite) Aleksandr Pobedimskiy/Shutterstock.com; p. 15 (compass) Feng Yu/Shutterstock.com; p. 15 (Earth) Snowbelle/Shutterstock.com; p. 17 marekusz/Shutterstock.com; p. 19 SpeedKingz/Shutterstock.com; p. 21 (girl) Rubberball/ Mike Kemp/Getty Images; p. 21 (magnets) GOLFX/Shutterstock.com; p. 21 (notebook) Raihana Asral/Shutterstock.com.

Printed in the United States of America

CPSIA compliance information: Batch #CS17GS: For further information contact Gareth Stevens, New York, New York at 1-800-542-2595.

CONTENIDO

Las palabras en negrita aparecen en el glosario.

Magnético, no mágico

Los imanes pueden empujar y atraer cosas sin tocarlas. También se pegan a determinados objetos. Probablemente tienes juguetes que contienen imanes. Los imanes se utilizan también como importantes herramientas. No son mágicos, así que, ¿cómo funcionan?

En el campo

Todos los imanes están hechos de **metales** especiales. Hasta las rocas que tienen trozos de estos metales pueden actuar como imanes. Estos metales tienen un campo magnético, una zona que los rodea donde la fuerza magnética, de atracción o repulsión, se pone de manifiesto.

Campo magnético

de barra

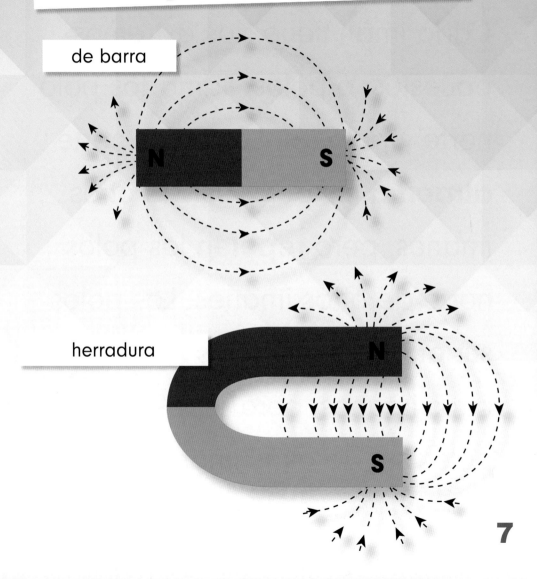

herradura

Cada imán tiene dos extremos opuestos, o polos, llamados polo norte y polo sur. Los polos norte **atraen** a los polos sur de otros imanes, pero **repelen** los polos norte de otros imanes. Los polos sur atraen a los polos norte de otros imanes, pero repelen los polos sur de otros imanes.

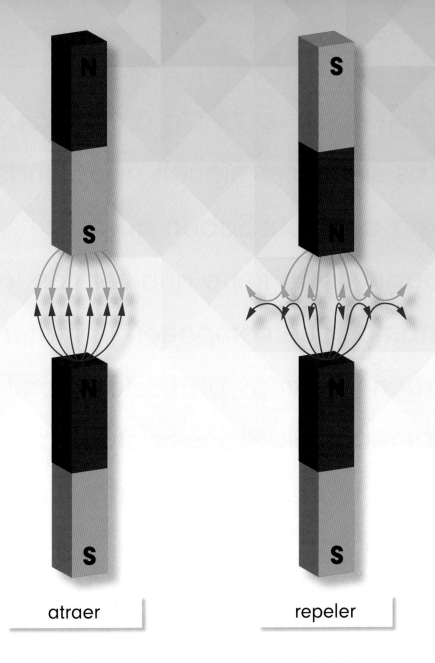

atraer

repeler

¿Qué le da su fuerza a un imán? ¡Los científicos siguen estudiando esta cuestión! Saben que el magnetismo tiene que ver con los **átomos** que componen la materia; creen que unas partículas atómicas llamadas electrones actúan de cierta manera para crear un campo magnético.

Materia magnética

La roca magnetita es un imán **permanente**. Ciertas materias se convierten en imanes **temporales** cuando tocan un imán. El hierro, el níquel y el cobalto son metales utilizados para fabricar imanes temporales. Otras materias, como la madera, nunca son magnéticas.

cobalto

níquel

hierro

magnetita

13

Señalando el camino

Los imanes pueden ayudarte a encontrar el camino. ¡La aguja magnética de la brújula señala el norte porque la Tierra también actúa como un imán! Los polos de la aguja de la brújula son atraídos, y apuntan, hacia los polos opuestos del campo magnético de la Tierra.

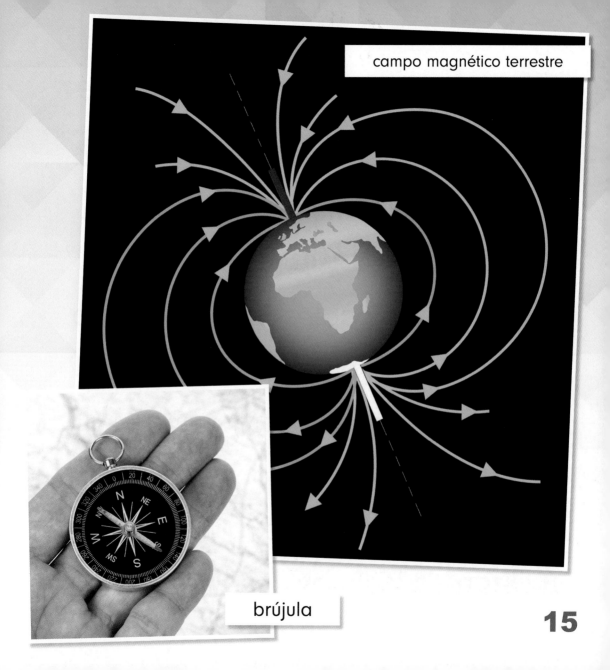

campo magnético terrestre

brújula

15

Electroimanes por doquier

Los científicos usan la **electricidad** para crear imanes temporales. Cuando una **corriente** eléctrica pasa por un cable, crea un campo magnético. Si el cable se envuelve alrededor de un metal, como el hierro, el objeto se convierte en un electroimán; los electroimanes se utilizan en los **motores**.

Los electroimanes están en muchos de los objetos y herramientas que usamos todos los días. A menudo, ni siquiera nos damos cuenta de cuántos hay. ¡Sin electroimanes no tendríamos computadoras, refrigeradores, ni automóviles! También ayudan a producir imágenes del interior de nuestros cuerpos.

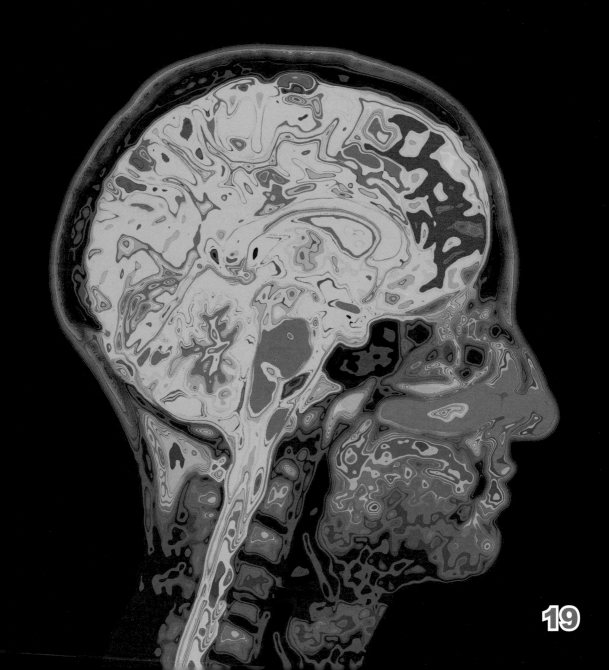

19

¡Gracias, imanes!

Somos muy afortunados porque la Tierra tiene imanes naturales. También tenemos suerte de que los científicos hayan creado **inventos** que utilizan imanes. Tal vez algún día seas tú también un científico que trabaje con imanes. ¿Cuál sería tu invento relacionado con los imanes y el magnetismo?

¡Utiliza imanes!

1) Usa un imán
en tu casa.

2) Dibuja
tres objetos
magnéticos que
encuentres.

GLOSARIO

átomo: una de las partes más pequeñas de la materia.

atraer: acercar, aproximar.

corriente: flujo de electricidad.

electricidad: forma de energía transportada por cables metálicos que hace funcionar máquinas.

invento: herramienta, creada tras estudios y pruebas, que sirve para realizar algo.

metal: rocas brillantes, como el hierro o el oro, dotadas de ciertas propiedades.

motor: máquina que produce movimiento o energía para realizar un trabajo.

permanente: invariable.

repeler: rechazar.

temporal: de duración limitada en el tiempo.

PARA MÁS INFORMACIÓN

LIBROS

Branley, Franklyn M. *What Makes a Magnet?* New York, NY: Harper, 2016.

Jennings, Terry. *Magnets.* Mankato, MN: Smart Apple Media, 2009.

Silverman, Buffy. *Magnet Power.* North Mankato, MN: Rourke Publishing, 2012.

SITIOS DE INTERNET

Electromagnetismo y motores eléctricos
www.ducksters.com/science/physics/electromagnetism_and_electric_motors.php
Aprende más sobre cómo la electricidad y el magnetismo van de la mano.

Magnetismo
www.explainthatstuff.com/magnetism.html
Toda la información sobre los imanes y el magnetismo.

ÍNDICE